LA

SOCIÉTÉ FRANÇAISE D'ARCHÉOLOGIE

EN MILANAIS

JULES DE LAURIÈRE

LA

SOCIÉTÉ FRANÇAISE D'ARCHÉOLOGII

EN MILANAIS

EXTRAIT DU *Bulletin monumental.*

N° 8. — 1879.

TOURS

IMPRIMERIE PAUL BOUSEREZ

5, RUE DE LUCÉ

LA
SOCIÉTÉ FRANÇAISE D'ARCHÉOLOGIE
EN MILANAIS

La Société française d'Archéologie a inauguré cette année, au mois de septembre, à la suite du Congrès de Vienne, la série d'excursions qu'elle se propose de faire hors de France, dans le but non-seulement d'examiner des monuments et autres objets dignes d'attention, mais encore de se mettre en rapports plus intimes avec les archéologues étrangers. Dans ce but un groupe de membres de la Société, composé de M. Léon Palustre, directeur, de Mgr Barbier de Montault, de MM. Paul de Fontenilles, Henri Nodet, et J. de Laurière, s'est rendu à Milan, qui avait été choisi comme centre d'une exploration limitée à cette ville et à quelques villes voisines. Maintenant qu'au retour du voyage les souvenirs se pressent dans nos esprits, il est une pensée qui domine toutes les autres, c'est le souvenir de l'aimable obligeance et de l'accueil sympathique que nous avons partout rencontrés, auprès des hommes d'étude, des conservateurs de certaines collections artistiques, avec lesquels nous avons eu la bonne fortune d'entrer en relations. Aussi nous avons à cœur de leur en témoigner notre gratitude, tant au nom de la Société qu'en nos noms personnels; c'est la pensée qui préside à la rédaction du compte rendu succinct qui va suivre, en attendant des notices plus développées sur différents sujets étudiés pendant le voyage.

Nous nous trouvions donc réunis, le 12 septembre, au lieu du rendez-vous, à Milan, où nous rencontrons, dès le premier pas, notre éminent confrère M. l'abbé Balestra, de Côme. M. Rohault de Fleury, que ses études d'iconographie chrétienne avaient attiré dans cette ville, veut bien se joindre également à nous pendant quelques-unes de nos explorations.

Les églises de Saint-Ambroise, de Saint Eustorge, de Saint-Laurent ont reçu nos premières visites. De toutes les vieilles basiliques précédées d'un atrium, Saint-Ambroise est assurément le spécimen le plus complet qui soit en Italie, sans excepter Saint-Clément de Rome. Fondée, en l'honneur des saints Gervais et Protais, par saint Ambroise qui la consacra en 386, l'église fut reconstruite du VIIIe au IXe siècle, avec l'atrium qui doit être attribué à l'archevêque Anspert, de 868 à 881.

L'abside actuelle a conservé des portions de la première basilique du IVe siècle, et des parties notables du corps de l'église du IXe siècle subsistent encore dans le bas de la coupole et les piliers des nefs; mais au moyen âge, vers le XIIe siècle, on suréleva la coupole, on garnit aussi les piliers de colonnes et l'on ajouta un étage de galeries aux collatéraux, en exhaussant les murs de la grande nef, ce qui amena l'état dans lequel nous voyons l'église aujourd'hui. Tel est le système le plus probable qui résulte de l'examen du monument, que l'on pourra, du reste, étudier dans tous ses détails en consultant les ouvrages suivants : *Monumenti sacri e profani... di Sant'Ambrogio*, dal dottore Giulio Ferrario, 1824. — *Monuments de l'architecture chrétienne depuis Constantin jusqu'à Charlemagne*, par Henri Hubsch, 1866. — *Étude sur l'architecture lombarde et les origines de l'architecture romano-byzantine*, par E. de Dartein, 1878.

Mais le principal but de notre visite à Saint-Ambroise était, dans ce voyage, l'examen du splendide *paliotto* ou revêtement du maître autel, et deux séances, deux après-midi lui ont été consacrées. C'est dire en même temps que grande a été la complaisance de Monsignor Rossi, archiprêtre de l'église, et des autres membres de son clergé, qui nous ont permis d'étudier à loisir cette merveilleuse pièce d'orfévrerie. Cette œuvre d'art du ix° siecle, éblouissante d'émaux et de pierreries, comme le disent les deux premiers vers de l'inscription qu'elle porte (1), signée du nom de MAGISTER PHABER VVOLVINVS, sera le sujet d'un travail tout spécial de la part de Monseigneur Barbier de Montault, qui voudra bien en faire profiter les lecteurs du *Bulletin monumental*.

Nous devrons aussi à l'habile crayon de M. Rohault de Fleury le dessin d'un sujet tout inédit, celui d'une pièce d'étolfe de soie, de style oriental, tendue à l'intérieur, sur le volet qui se meut à la face postérieure du *paliotto*. On sait que le vieux ciborium de l'autel central est un type du genre. Mais, hélas! pourquoi l'abus de la ligne droite lui a-t-il fait subir, dans la restauration du monument, une petite évolution pour ramener cet édicule dans l'axe de l'édifice où depuis dix siècles il n'avait jamais été?

Les archéologues qui s'intéressent aux souvenirs et aux restitutions de nos anciennes basiliques françaises, accorderont une attention particulière à la mosaïque de l'abside. Elle contient, en effet, parmi ses sujets accessoires, une représentation de l'ancienne basilique de Tours, figurée d'une façon, sans doute imaginaire, mais reconnaissable au nom de Turonica qui l'accompagne. A l'intérieur de cette

(1, Emicat alma foris, rutiloque decore venusta
  Arca metallorum, gemmisque compta coruscat.
  Thesauro tamen hæc cuncto potiore metallo
  Ossibus interius pollet donata sacratis.
  Egregius quod præsul opus sub honore berti
  Inclitus Ambrosii templo recubantis in isto
  Optulit Angilbertus ovans, Dominoque dicavit
  Tempore quo nitidæ servabat culmina sedis.
  Aspice, summe Pater, famulo miserere benigno,
  Te miserante Deus donum sublime reportet.

basilique on voit la cérémonie des funérailles de saint Martin, auxquelles, suivant le récit de Grégoire de Tours (1), assiste en vision saint Ambroise, représenté, lui aussi, au côté opposé, dans sa basilique milanaise, pendant qu'en célébrant la messe il est transporté en esprit près de l'évêque de Tours.

La même obligeance qui nous avait permis d'examiner longuement le *paliotto* du grand autel, a bien voulu mettre également à notre disposition les objets du trésor de la basilique, dont le plus important est une grande croix d'argent, haute de 1ᵐ24, large de 0,93, richement ornée de figurines or et argent. Cette œuvre magistrale date du xvıᵉ siècle. Rappelons encore, avant de sortir de Saint-Ambroise, la chapelle et la crypte de Saint-Satyre, le sarcophage de *Stilicon* et le grand ambon, le sarcophage de la Résurrection, situé dans une chapelle latérale, et les vantaux en bois de cèdre de la grande porte.

Comme l'église de Saint-Ambroise, celle de Saint-Eustorge est de forme basilicale, à trois nefs. Fondée au ıvᵉ siècle par l'évêque saint Eustorge, elle fut réédifiée au ıxᵉ. Au xıᵉ elle subit de nouveaux remaniements à la suite d'un incendie. Au xvıᵉ son ancien caractère disparaît sous les rénovations désastreuses que cette époque prodiguait aux édifices sous prétexte de les embellir. Mais, depuis quelques années, une habile restauration a restitué à ce monument son ancien caractère.

Saint-Eustorge, avant le xıᵉ siècle, possédait les reliques des rois Mages, qui furent transportées à Cologne, après la ruine de Milan par Frédéric Barberousse. Au xıııᵉ siècle, en 1227, l'église passa aux mains des Frères Prêcheurs, et acquit une grande réputation et de grandes richesses, grâce à la possession des reliques du dominicain saint Pierre de Vérone, qui fut assassiné, en 1252, dans la campagne, entre Côme et Milan. La tradition a conservé, en la renouvelant,

(1) *De glor. Confes.*, cap. 5.

à la façade de l'église, une chaire extérieure, d'où, suivant une inscription aujourd'hui effacée, saint Pierre réfutait les Manichéens.

La chapelle de Saint-Pierre, à l'extrémité de l'abside centrale, est un charmant édifice octogone, que recouvre une élégante coupole élevée par l'architecte Michelozzo-Michelozzi, de 1462 à 1466, aux frais du Florentin Pizello Portinari, gérant de la banque des Médicis à Milan (1).

Là se trouve un grand sujet d'attraction pour les artistes et les archéologues, nous voulons dire le magnifique tombeau qui contient les restes du saint. Cette œuvre, de Balduccio de Pise, élève d'Andrea Pisano, datée de 1339, constate l'état d'avancement qu'avait atteint en Toscane l'art de la sculpture à cette époque. Sur un soubassement formé de huit statues, genre cariatides, figurant autant de vertus, repose l'urne sépulcrale. Elle est de forme rectangulaire, divisée sur ses deux grandes faces en trois compartiments couverts de bas-reliefs et séparés par des pilastres. Ces bas-reliefs représentent, sur la face antérieure, le saint visitant et guérissant les malades, le saint exposé après sa mort à la vénération publique, et des marins invoquant son assistance pendant une tempête. Sur la face opposée et sur les faces latérales, on voit le martyre, les funérailles et les principaux miracles du saint. Aux pilastres qui séparent ces compartiments sont adossées huit statues : saint Ambroise, saint Pierre, saint Paul, saint Grégoire, saint Jérôme, saint Thomas d'Aquin, saint Eustorge et saint Augustin.

L'urne est surmontée d'un toit pyramidal tronqué, également orné de bas-reliefs sur ses faces. A sa base, aux quatre angles et au-dessus des quatre pilastres des faces inférieures de l'urne, s'élèvent aussi huit statues d'anges. Au sommet de ce toit se dressent trois niches, ou plutôt trois

---

(1) *La chapelle des Portinari à Saint-Eustorge de Milan*, par M. Léchevallier-Chevignard, dans la *Gazette des Beaux-Arts*, n° du 1er mars 1879. p. 227-239.

arcades gothiques soutenues par deux piliers aux extrémités et deux colonnes torses au milieu. L'arcade centrale abrite la Vierge assise, regardant avec affection l'enfant Jésus; à gauche, c'est saint Dominique, debout, les regards tournés vers la Vierge et tenant à la main un lis à trois fleurs, symbole de Marie, vierge avant, pendant et après l'enfantement. Pinacles, fleurons, feuillages enroulés, s'épanouissent sur les rempants de ces arcades, et enfin, sur le fronton central, le Christ se tient debout, couronnant l'édifice, accompagné de deux séraphins posés sur les deux frontons latéraux.

Toute cette belle composition est encore empreinte du sentiment spiritualiste du moyen âge, tout en laissant pressentir la voie qui conduira bientôt à l'art plus correct de la Renaissance. Elle est remarquable non-seulement par l'habileté de l'exécution, mais aussi par un profond sentiment du symbolisme chrétien.

Les statues du soubassement sont encore supérieures aux bas-reliefs par le charme, le calme, l'expression de leurs figures, la gravité de leurs attitudes et le gracieux arrangement de leurs costumes. Nous ne nous étendrons pas, du reste, davantage sur ce magnifique mausolée, auquel un de nos compagnons de voyage, M. de Fontenilles, se réserve de consacrer ici-même une longue étude.

Le tombeau de saint Pierre est gravé et décrit dans l'ouvrage de d'Agincourt, et M. Mongeri, dans l'*Arte in Milano,* 1872, en a donné aussi une description avec un petit dessin d'après celui de d'Agincourt.

Nous signalerons encore à Saint-Eustorge le grand retable d'albâtre représentant un grand nombre de scènes de la vie du Christ, et le tombeau en marbre de Stefano Brivio, porté sur quatre élégantes colonnes, œuvre du sculpteur Tommaso da Cazzanigo. Mais nous ne voulons pas quitter Saint-Eustorge sans proclamer bien haut l'aimable complaisance de M. l'abbé Rota, coadjuteur de l'église, et des autres prêtres desservants qui ont bien voulu nous faciliter, de la manière la plus complète, pendant trois longues séances, l'étude de leur monument. Disons aussi que M. l'abbé Rota s'est acquis a reconnaissance des archéologues par l'impulsion qu'il a su donner, avec autant de zèle que d'intelligence, à la restauration de son église.

Saint-Laurent-Majeur passe pour l'église la plus ancienne de Milan, car elle aurait été fondée au IVe siècle. Sa disposition octogonale, avec ses exèdres surmontés de tribunes, rappelle Saint-Vital de Ravenne et accuse une origine byzantine. Le monument actuel, qui date de la fin du XVIe siècle, laisse entrevoir çà et là des restes, tant à l'intérieur qu'à l'extérieur, de l'édifice ou plutôt des édifices précédents. La chapelle de Saint-Aquilin, qui lui est annexée, avec absidioles carrées ou semi-circulaires sur ses huit faces, est attribuée au Ve siècle. Sa position et sa forme portent à croire qu'elle a dû servir de baptistère à l'église Saint-Laurent. Des anciennes mosaïques qui la décoraient, deux sont encore conservées. Les montants et le linteau de sa porte, ornés à profusion de rinceaux se terminant en têtes d'hommes ou de femmes, pourraient être pris pour de grossières imitations de la Renaissance; mais ils ne sont, en réalité, que des spécimens fort curieux de l'art romain en pleine décadence. On pourra en juger par les dessins qu'en a pris notre confrère, M. Henri Nodet.

Des églises de Milan, la plus importante par ses dimensions et par son éclat extérieur, la cathédrale ou le *Dôme*, comme on dit ordinairement, n'est pas la plus intéressante au point de vue archéologique. Sa fondation remonte à l'année 1386. L'étrange efflorescence d'ornementation dont cet édifice, entièrement en marbre blanc, est surchargé, produit un frappant contraste avec le caractère généralement si simple à l'extérieur, à part quelques façades, des églises italiennes, et lui donne un air complétement dépaysé. Mais qui ne sait que nous sommes là en présence d'une influence artistique venue de l'étranger? A l'intérieur aussi le fait se manifeste dans une disposition anti-italienne, celle d'un déambulatoire autour du chœur. Quoi qu'il en soit, les nefs pro-

duisent un effet de grandeur incontestable qui fait passer
par-dessus bien des défauts ou des bizarreries de détail.
Mais parmi les accessoires de l'église, nous citerons le trésor, l'un des plus riches de l'Italie et des plus intéressants
pour l'histoire de la sculpture sur ivoire et de l'orfévrerie
religieuse au moyen âge et à la Renaissance. On conçoit
que la valeur intrinsèque et artistique de cette collection
fasse entourer sa garde des plus grands soins; aussi l'inventaire descriptif que nous en avons fait, durant une journée
complète, nous a donné l'occasion de reconnaître la bienveillante obligeance de Monsignor Calvi, prévôt du chapitre,
de Monsignor Carcano, provicaire, et de M. l'avocat Borgo-
mainero, président de la fabrique, les dispensateurs de
l'autorisation officielle que nous avions eu l'honneur de leur
demander à cet effet. Nous avons hâte aussi de comprendre
dans l'expression de notre reconnaissance M. Cesa-Bianchi,
l'éminent architecte du dôme. Avec un empressement des
plus gracieux, il a bien voulu nous guider dans une excursion, pour ainsi dire, aérienne, d'un intérêt tout spécial, sur
les terrasses de la cathédrale, à travers ces fouillis d'arcs-
boutants, de clochetons, de statues qui constituent tout un
vaste domaine soumis à une administration dont il connaît
à merveille toutes les particularités.

Maintenant, sans entrer dans plus de détails, rappelons
seulement les visites consacrées à divers édifices, tous
notables à différents points de vue : Saint-Celse, Notre-Dame
des Grâces, Saint-Satyre, Saint-Nazaire, et le magnifique
hôpital général, fondé en 1456, l'un des monuments les plus
importants élevés par l'architecture civile, tant par son
ordonnance générale que par sa décoration en terre cuite.
Des séances au musée archéologique du palais Brera et à
l'Ambroisienne nous ont pris également de longues heures,
et le courtois accueil que nous avons trouvé près de M. le
comte Morbio, secrétaire perpétuel de l'Académie royale de
Milan, nous a permis également d'apprécier la riche collec-

tion d'objets antiques, du moyen âge et de la Renaissance de sa collection.

Nous consacrons la matinée du dimanche, 14 septembre, à une excursion à l'ancienne abbaye de Chiaravalle, située à cinq kilomètres de Milan. A vrai dire, les bâtiments de l'abbaye ont en grande partie disparu, mais l'église est restée à peu près complète.

L'abbaye de Chiaravalle était un magnifique rayonnement de l'ordre des Cisterciens de Clairvaux, dont elle avait italianisé le nom. Elle fut fondée par saint Bernard, en 1135, et son église fut consacrée en 1221, comme nous l'apprend l'inscription suivante, en caractères du XIIIe siècle, que nous avons relevée au-dessus d'une porte, dans une dépendance de l'église, qui communique avec le transsept méridional.

Nous la reproduisons sans les ligatures.

† ANNO † GRATIE † MCXXXV † XI † KL †
† FEB' † CONSTRVCTVM † EST † HOC † MO
NASTERIVM † ABEATO † B'NARDO † ABBATE † CLARE †
VAL' | MCCXXI † CONSECRATA † EST † ECCL'A † ISTA
ADNO † HENRICO † MEDIOLANENSI † ARCHIEPO † VI
NONNIS † MAII † IN HONOREM SCE MAIE CARAVAL'.

L'origine du monastère de Chiaravalle explique suffisamment un certain caractère français, que présente à l'intérieur l'architecture de l'église. Trois nefs séparées par des arcades, couvertes de voûtes d'arête, un transsept, un chœur à fond plat, constituent ses principales dispositions. Conformément à l'usage cistercien, les bras du transsept sont munis de chapelles carrées, tournées vers l'orient, avec cette particularité que quelques-unes ont deux étages.

Sur chaque côté de la grande nef on compte huit arcades; mais chaque travée de voûte correspond à deux arcades des nefs. L'édifice, au XIIIe siècle, a subi de notables modifications accusées par des arcs aigus, aux premières travées, vers l'ouest, et c'est sans doute à cette période de sa construction que doit se rapporter la date de consécration énoncée dans l'inscription ci-dessus. Au milieu du transsept s'élève une coupole, surmontée d'une haute tour formée d'étages octogones en retraite, ajourés par des arcatures cintrées portées sur colonnettes et terminées par une flèche conique. C'est l'un des plus élégants clochers qui soient en Italie. Une surprise architectonique attend en outre le visiteur dans une salle située à l'extrémité du transsept sud. On y trouve, en effet, des voûtes dites, en France, *domicales*. Elles doivent être signalées aux archéologues qui poursuivent, hors de France, l'étude de ces voûtes particulières à la région de l'Anjou.

Des fresques de Luini, ainsi que des stalles de la fin du XVIᵉ siècle, sculptées par Garavaglia, ajoutent encore un intérêt considérable à l'église de Chiaravalle.

Mais on ne saurait, à Milan, évoquer le nom de Luini, sans faire en l'honneur de ce peintre le voyage de Saronno, où l'église de la Vierge a conservé de nombreuses fresques de ce peintre charmant, empreintes du sentiment de la plus délicieuse suavité, et, au retour de Chiaravalle, nous nous acquittons de cette ravissante excursion.

Dans la matinée du mercredi 17, nous quittons Milan pour deux jours, et deux heures après notre départ nous sommes installés à Monza, dans la salle du Trésor de la cathédrale, occupés à en dresser l'inventaire, comme nous l'avions fait pour celui de Milan.

Mais le Trésor de Monza, qui raconte, pour ainsi dire, la gloire des anciens rois lombards, le monument national par excellence de la Lombardie, est sous la double garde de l'autorité civile et de l'autorité religieuse. Une lettre toute bienveillante de l'honorable sénateur Cantù, l'illustre et populaire historien de l'Italie, dont M. Palustre était muni par l'entremise de M. Bertolotti, archiviste d'État, à Rome, servit à M. le directeur de moyen d'introduction auprès de M. le sous-préfet de Monza. Cet honorable magistrat, avec l'empressement le plus bienveillant, lui accorda l'autorisation nécessaire pour la visite minutieuse du Trésor, que nous fîmes également avec l'assistance de M. le doyen du chapitre et de M. le président de la fabrique.

Nous avons eu seulement à regretter l'absence du savant abbé César Aguilhon, chapelain de Sa Majesté. Mais depuis nous avons été dédommagés par son active correspondance, toujours prête à nous faire profiter de sa profonde érudition et de sa parfaite connaissance de l'histoire intime de Monza.

Les notes et dessins pris dans deux longues séances fourniront à Mgr Barbier de Montault le fond d'une étude complète sur cette merveilleuse collection de diptyques, couronnes royales, évangéliaires, vases sacrés, reliquaires, ustensiles de différents usages, auxquels sont liés, par la tradition, les noms de la célèbre reine Théodelinde et du pape saint Grégoire le Grand. Déjà toutes ces pièces, il est vrai, ont été décrites et discutées au point de vue de leur provenance et de leur fabrication ; mais elles n'en ouvrent pas moins un vaste champ à de nouvelles observations.

Il en est de même de la célèbre couronne de fer, qui n'est point, comme chacun sait, une œuvre de ferronnerie, mais une pièce d'orfévrerie en or et gemmes. Elle ne doit son nom qu'au petit cercle de fer fixé à l'intérieur du bandeau, cercle qui passe pour avoir été forgé avec un clou de la crucifixion du Christ. Elle avait été transportée à Vérone pendant l'occupation de la Lombardie par les Autrichiens ; mais elle a été rendue à l'Italie à la fin de cette occupation, et elle se trouve aujourd'hui réinstallée à Monza, non dans le trésor de la cathédrale, mais dans une chapelle située à droite du chœur, en raison de son caractère de relique insigne, et c'est là que nous avons pu l'examiner.

Comme le maître-autel de Saint-Ambroise de Milan, celui de la cathédrale de Monza est orné d'un riche *paliotto* en orfévrerie divisé en compartiments. Les sujets qu'ils renferment représentent des scènes de la vie de Jésus-Christ, de la sainte Vierge, de saint Jean-Baptiste, etc. Ce travail, exé-

cuté au repoussé en argent doré, relevé aussi de pierreries,
d'une exécution fort soignée, est une œuvre du xiv⁰ siècle.

L'église elle-même a remplacé, au xiv⁰ siècle, celle qui
passait pour avoir été bâtie par la reine Théodelinde, en 575.
Il faut grandement savoir gré à l'architecte Matteo del
Campione d'avoir encastré dans le portail principal un curieux
bas-relief qui est considéré comme provenant de l'église
primitive, mais qui nous paraît être beaucoup moins ancien,
si toutefois il ne doit pas être attribué à Campione lui-
même. Quoi qu'il en soit, « cette sculpture, malgré sa médio-
crité au point de vue de l'art, dit M. J. Labarte, est un
monument archéologique des plus intéressants. Cinq per-
sonnes y sont représentées : Théodelinde, Agilulphe son
mari, Adaoald leur fils et Gondeberte leur fille, tenant dans
leurs mains les présents qu'ils offrent à saint Jean-Baptiste.
La reine porte une couronne et une croix, et le saint tient
dans ses mains les présents qu'il a déjà reçus, qui paraissent
être un livre posé à plat et un vase. L'artiste, en arrière de
ces personnages, a sculpté trois couronnes : celle du roi,
celle de la reine et la couronne de fer, ainsi que tous les
autres objets dont la tradition attribue la donation à Théodelinde. Muratori, qui avait examiné ces pièces lorsqu'elles
subsistaient toutes encore dans le trésor, reconnaissait que la
sculpture, malgré sa rudesse, reproduisait parfaitement la
forme des bijoux conservés dans le trésor, comme dons de
Théodelinde. » (Histoire des arts industriels, t. I, p. 314.)

Mais déjà la journée s'achève, et le soir nous partons assez
tard pour la jolie ville de Côme, où nous trouvons un accueil
empressé et tout cordial de la part des commissions archéologiques des provinces de Côme et de Lecco, représentées
par M. le chanoine chevalier Barelli, inspecteur des fouilles
de la province de Côme ; par M. l'abbé Balestra, qui la veille
s'était séparé de nous à Milan ; et par M. le chevalier
A. Garovaglio, inspecteur des fouilles de la province de
Lecco. Sous les auspices de ces savants, nous visitons le lendemain les monuments de leur cité, tout entourée, comme

Pise, de sa superbe enceinte du xii° siècle, flanquée de tours imposantes.

Dans la ville même, la cathédrale, sinon par ordre de date, du moins par son importance, occupe le premier rang : trois époques sont accusées dans l'édifice, qui fut commencé en 1396. Les trois nefs, amples, hardies, sont encore ogivales ; le chœur, avec les transsepts, remarquables par une grande pureté de lignes, dans le style dit *Bramantesque*, leur sont postérieurs, et, de plus, la belle coupole centrale, œuvre de Juvara, ne date que de 1732.

La façade, qui peut être considérée comme un monument à part, fut construite dans la seconde moitié du xv° siècle, par Luchino da Milano, et la plus grande partie des figures qui la décorent appartiennent aux frères Tomaso et Jacopo Rodari, dont les noms se retrouvent à la date de 1498. En somme, au point de vue du goût, de la délicatesse de ses détails, la cathédrale de Côme n'a rien à envier à la décoration tapageuse du dôme de Milan, et peut même réclamer pour elle la supériorité. Il suffit de se rappeler ses magnifiques fenêtres, les deux portes latérales, surtout celle du côté nord, les bas-reliefs des tympans des grandes portes et autres détails de la façade.

Mais empressons-nous de constater l'heureux mouvement qui s'est produit, à Côme, dans l'application des études archéologiques à la saine restauration des monuments de la contrée, mouvement auquel l'initiative de M. l'abbé Balestra a donné la plus grande impulsion. Nous en sommes témoins devant la fidèle restauration, ou, pour mieux dire, la simple restitution qu'on lui doit de l'importante église de S. Abondio et devant la part qui lui revient dans les travaux du même genre qui s'exécutent à S. Fedele de Côme.

La basilique de S. Abondio, à cinq nefs, reconstruite au xi° siècle, vient de réapparaître dans toute la sincérité de ses formes, en laissant entrevoir, sous son dallage, les traces de la basilique antérieure, qui fut la cathédrale de Côme, construite au v° siècle par l'un de ses premiers évêques et

J. L.

retrouvée, comme à l'état de racines, par les perspicaces investigations de M. l'abbé Balestra. Par les soins de ce zélé chercheur, nombreux débris de cette première époque, marques épigraphiques, fragments d'ambons, de chancels et de sarcophages ont revu le jour et forment l'éloquent musée lapidaire de la basilique (1).

Le moyen âge aussi a conservé, dans l'abside de l'église, une importante page de peintures murales du xɪvᵉ siècle, qui offrent un intérêt des plus attachants pour l'iconographie chrétienne de cette époque.

L'église de S. Carpoforo, située à un kilomètre de S. Abondio, sous l'influence de ce mouvement archéologique dont nous parlions tout à l'heure, est, en ce moment, en voie de restauration, et nous avons pu lui consacrer une rapide visite.

Le musée établi au lycée atteste de son côté, grâce à ses nombreuses antiquités des époques romaines et préromaines, le développement des études de ce genre, dû à l'action de la commission archéologique de la province et à la géné-

---

(1) La Société française d'Archéologie, comme il en a été rendu compte dans le n° 6 du *Bulletin monumental* de cette année, a décerné l'une de ses grandes médailles à M. l'abbé Balestra pour ses travaux de restaurations. Nous pensons qu'on nous saura gré de rappeler, à cette occasion, le passage suivant d'un journal de Milan qui applaudit à cette décision :

... Poi si portarono (les membres de la Société indiqués plus haut) a S. Abbondio. I giudiziosi lavori di ristauro quivi fatti dal cav. don Serafino Balestra erano loro perfettamente noti, ma sul luogo potterono meglio persuadersi come egli nei suoi lavori abbia religiosamente rispettato il carattere primitivo di questa veneranda Basilica, nel mentre che gli riesciva di far scomparire ogni traccia delle molte inconsulte sovrapposizioni. Il direttore signor *Palustre*, per rendere onore al l'intelligenza e costanza del Balestra, gli ha, piede stante, a nome della *Società francese d'Archeologia*, conferita *la grande medaglia in vermeil*, tratto di cortesia e di giustizia applaudito da tutti gli astanti. I molti amici del nostro bravo e simpatico restauratore saranno certamente contenti di sentire che, con questo attestato di distinzione siasi voluto onorarlo, e così ancora una volta si conferma l'importanza in cui è tenuto da tutti i più distinti forestieri questo nostro monumento.

(*Perseveranza*, 24 sett. 1879.)

rosité du comte F. Jovio, qui a légué à la ville sa riche collection.

Nous nous réservons, à une autre heure, de revenir plus longuement sur les monuments de Côme; mais, pour le moment, nous devons nous borner à indiquer leur importance en témoignant toute notre gratitude pour l'accueil si gracieux qui nous attendait dans cette ville.

L'un de nous aussi a eu la bonne fortune de continuer la visite des antiquités de la région jusque dans la délicieuse villa de M. Garovaglio, située à Loveno, dans l'un des sites les plus splendides des bords du lac de Côme. C'est là que le savant archéologue milanais, qui s'est particulièrement attaché à l'étude des époques primitives de son pays, a formé un intéressant et vaste musée du produit de ses fouilles : poteries funéraires, ustensiles de bronze, armes et bijoux, auxquels il a réuni de nombreux objets de diverses civilisations, rapportés de ses lointains voyages. Au souvenir de l'examen que l'auteur de ces lignes a pu faire de ces collections se joint celui de l'aimable hospitalité qu'il a trouvée dans cette charmante résidence.

Nous passons la journée du samedi, 20 septembre, à Bergame. Bergame se compose de deux villes; la ville haute, l'ancienne, et la ville basse, la moderne. La première est entourée de remparts. Cette disposition topographique et militaire rappelle Carcassonne, mais dans des proportions beaucoup moins grandioses. A Bergame, dans la ville haute, l'église Sainte-Marie-Majeure, la chapelle Colleoni, la cathédrale avec son baptistère, ajoutez le palais du *Municipio*, forment un ensemble de monuments d'un rare intérêt, concentrés sur le même point.

L'église Sainte-Marie-Majeure, d'après l'inscription qui se lit au-dessus de la porte méridionale, a été commencée en 1137, par l'architecte Alfred, sous le pape Innocent II. A cette époque appartient l'abside centrale, couronnée d'arcatures cintrées sur colonnettes, percée vers son milieu de fenêtres enveloppées de tores vigoureux et séparées par de

longues colonnettes reposant sur le soubassement même de
l'abside. Une partie de l'absidiole qui flanque l'abside centrale, vers le sud, est aussi apparente, et de plus, curieuse
disposition qui devait être imitée au xive siècle à la Chartreuse de Pavie, une seconde absidiole, faisant face à la pré-
cédente, se retrouve de l'autre côté du transsept.

Des porches portés sur des colonnes qui reposent sur des
lions de marbre, abritent les deux portails du transsept.
Celui du nord montre la date de 1351 et l'inscription : MCCCLI.
IOH. MAGIS. DE CAMPELEON CIVIS BERGAMI FECIT HOC OPVS. Il est
surmonté d'un étage en forme de *loggia* gothique, où se
dresse la statue équestre de saint Alexandre, modelée par
Jean da Campione et datée de 1355, avec l'inscription :
Filius Ughi de Campilione fecit hoc opus. A. D. 1355.

Le porche du transsept sud nous montre aussi l'inscription :
MCCCLX MAGISTER IOHANES FILIVS C. DNI VGI DE CAMPILIO FECIT HOC
OPVS.

Là encore les formes cintrées des voussures de la porte,
les cordons d'oves, les rinceaux palmés, viennent attester
la persistance des formes romanes, en Italie, au milieu de
l'époque *gothique*.

A l'intérieur tout l'intérêt se concentre sur différentes
œuvres d'art, particulièrement sur les dossiers des stalles et
sur la clôture basse du chœur, splendide ouvrage de mar-
queterie, l'un des plus remarquables de ce genre éminem-
ment italien. On y retrouve deux fois le nom de l'artiste :
d'abord : OPVS IO. FRANC. CAP. FERR. BERGO. (Joannis Francisci
de Capite Ferri, Bergamensis), et ailleurs : OPVS-IO. FRANCISCI
DE CAPITE FERRE BERGOMESIS.

On voit également, sur le haut d'un petit pilastre à l'extrémité de la frise des dossiers, à droite du chœur, le nom
de l'artiste qui a terminé cette œuvre : HVIVS ORNAMENTVM
OPERIS ALEXANDER BELLVS PERFECIT.

L'église possède aussi un trésor, qui aura sa description dans le travail spécial de Mgr Barbier de Montault. Des
peintures murales du xive siècle méritent d'être examinées

avec attention et présentent des détails iconographiques rares à cette époque, comme, par exemple, la fresque du transsept sud, où se trouve figurée une Circoncision, sujet qui n'apparaît ordinairement qu'au xvᵉ siècle.

Nous avons aussi plaisir à signaler dans l'ancienne absidiole du transsept sud, tournée vers l'ouest, mais aujourd'hui murée, une charmante composition également du xivᵉ siècle, qui doit être rapprochée, pour certains détails, du même sujet précédemment observé à Saint-Abondio de Côme. C'est une Nativité, où l'on voit, dans le même tableau, la sainte Vierge couchée sur le lit, l'enfant Jésus lavé dans un baquet, saint Joseph nimbé et les trois Mages qui viennent à l'étable pour l'adoration. Au second plan, au-dessus de l'enfant et de la Vierge, on aperçoit l'annonce aux bergers.

Signalons encore aux spécialistes, dans une salle servant de magasin à l'église, une nombreuse collection de tapisseries enroulées, et dont l'examen eût absorbé à lui seul toute la durée de notre séjour à Bergame. L'une d'elles, représentant une Crucifixion, porte la signature : IOANNES REGHELBRVGGE.

La chapelle Colleoni est adossée à l'église de Sainte-Marie-Majeure. Sa pompeuse façade est due aux féconds dessins d'Omodeo. Dans le haut circule une galerie formée d'arcatures à tympans ajourés et portées sur colonnettes. Aux angles se dressent des pilastres en retour chargés de têtes en médaillons, de vases, de fleurs et de fruits. Le portail, précédé d'un escalier décoré de bas-reliefs, où de joyeux enfants jouent du luth et des pipeaux, est flanqué de deux pilastres couverts d'arabesques exquises et surmonté d'une rose élégante. Plus riches encore sont les deux fenêtres avec leurs claires-voies de colonnettes aux formes variées, leurs tympans, leurs architraves, où médaillons, têtes d'anges, statuettes, fines arabesques et mille autres caprices rivalisent de luxe et d'élégance. Au-dessus s'étalent de grands médaillons accostés de pilastres corinthiens et contenant les bustes de César et d'Auguste. Toute la zone sur laquelle se détachent ces médaillons, entre les fenêtres et la galerie de couronnement, forme un champ plus calme composé de plaques de marbre blanc, rouge et noir, taillées en pointes de diamant.

Mais c'est à l'intérieur, dans les deux tombeaux du guerrier vénitien et de sa fille Médéa, que se révèlent toute la grâce, la verve délicate, l'habileté d'exécution du grand sculpteur de Pavie.

Le tombeau de Colleoni qui se rapporte à la date de 1500 (1) est appliqué au fond de la chapelle. Le coffre du sarcophage, rectangulaire, surmonté de la statue équestre en bronze du guerrier, est décoré des statuettes, posées debout, des enfants du défunt et de bas-reliefs représentant l'Annonciation, la Nativité et l'Adoration. Il est supporté par deux colonnes basses, très-ornées, qui reposent sur un large soubassement, établi lui même sur quatre piliers. Ce dernier corps est la partie la plus riche du monument. A ses deux extrémités se dressent deux statues de guerriers, peut-être Mars et Hercule, et entre eux trois autres statuettes assises, le visage levé vers le sarcophage, sont, dit-on, les portraits des gendres du héros. Quatre pilastres à niches divisent la face en trois compartiments et sont munis des statuettes de la Justice, de la Charité, de la Tempérance et de l'Espérance. La Foi se trouve sur la face latérale gauche. Dans les compartiments compris entre ces pilastres sont figurés en bas-reliefs, le Portement de Croix, la Crucifixion et la Mise au tombeau. Sur la face latérale droite on voit la Résurrection. Rien de plus exquis, de plus gracieux que la décoration des corniches et des frises de ce soubassement, où

---

(1) Cette date est donnée par Perkins (*Les Sculpteurs italiens*. Trad. par Haussoullier. 1869, t. II, p. 115). Cicognara (*Storia della scultura*, t. IV p. 389) dit que ce tombeau aurait été commencé du vivant de Colleoni et terminé en 1475, un an après sa mort. « Gli scrittori bergamaschi asseriscono ch « il Colleoni comminció la fabbrica del suo monumento essendo in vita e ch « questa ebbe termine nel 1475, un anno cioè dopo la sua morte. »
La date exacte de la mort de Colleoni est le 2 nov. 1475.

s'épanouit le plus heureux mélange de délicieuses arabesques, de jeux d'enfants naïfs et de graves médaillons.

Cependant le monument affecte dans son ensemble quelque chose de trop théâtral, par suite de la superposition de ses deux étages portés sur des colonnes en apparence trop frêles et du couronnement de la statue équestre, œuvre postérieure due à deux artistes allemands restés inconnus (1). Les sujets qui décorent le mausolée auraient pu aussi, ce semble, être remplacés avec plus d'à-propos par des exploits du guerrier. Mais à cela, en pleine Renaissance, pourquoi venir chercher chicane? L'étude de l'iconographie chrétienne peut encore y trouver son compte. Observons donc, dans l'Annonciation, que les deux anges qui suivent l'ange Gabriel n'apparaissent guère qu'à partir du xve siècle. L'enfant Jésus descend du ciel envoyé par le Père Éternel; il porte sa croix sur son dos. Mais ce fait est faux en théologie, et condamné par Benoît XIV. On en trouve deux représentations à Rome, l'une au musée chrétien du Vatican, et l'autre dans une fresque du portique de Sainte-Marie au Transtevère. Dans la Mise au tombeau, l'artiste également a pris toute liberté d'imagination pour s'écarter du récit historique et sacrifier à la symétrie, en plaçant dans sa composition des groupes de femmes et d'autres personnages étrangers au sujet.

Le tombeau de la jeune Médéa, morte en 1440, se trouvait d'abord dans l'église de Basello, près de Bergame. Il n'a été placé dans la chapelle Colleoni qu'au xviiie siècle. Il porte l'inscription : ioannes de amadeis fecit. On ne saurait trop admirer cette œuvre exquise de délicatesse, où la jeune fille, charmante de grâce virginale, le visage plein de calme, tourné vers le ciel, et les yeux fermés, est couchée sur un sarcophage dont la face antérieure est décorée d'un

---

(1) Quelques écrivains donnent à ces artistes les noms de Sisto et de Leonardo. Calvi dit que la statue fut exécutée par un sculpteur inconnu venu de Nuremberg (Perkins, op. cit. t. II, p. 149. Note IV).

Ecce homo et de deux anges en relief, qui couronnent des statuettes de la Vierge, de sainte Madeleine et de sainte Catherine. Cette composition, au dire de Cicognara, est peut-être l'œuvre la plus parfaite d'Omodeo (1).

La cathédrale de Bergame n'offre à l'attention du visiteur que ses stalles, dont les dossiers sont séparés par des cariatides en gaîne. Les sujets qui les décorent, traités en méplats, sont des représentations allégoriques, sous figures d'hommes ou de femmes, de vertus et autres qualités chrétiennes.

On retrouve sur une tablette qui accompagne l'une de ces figures, le nom de l'artiste auteur de cette œuvre considérable : IOANNES CAROLVS SANZ SCVLPSIT 1695.

Le baptistère est situé dans une petite cour, comprise entre le côté nord de la cathédrale et les bâtiments qui lui sont annexés. Ce petit édifice, trop fraîchement restauré, au préjudice de son ancien caractère, a été transporté à cette place, qui n'est pas celle où il fut établi à son origine. Il date de 1340. Sa forme est octogonale. A l'intérieur, une série de médaillons en marbre représentent en buste les apôtres, avec des phylactères qui portent un article du *Credo*. A l'extérieur, les côtés sont garnis d'une claire-voie formée de colonnettes de marbre, et, aux angles, de longues niches contiennent des statues de vertus : la Foi, l'Espérance, la Charité, la Tempérance, la Prudence, la Force, la Justice et la Patience.

Le surlendemain de notre séjour à Bergame, le dimanche matin 21 septembre, nous nous rendons de Milan à Pavie. Là, notre premier soin est de présenter nos respectueux devoirs à Mgr l'évêque. Grâce à sa bienveillante obligeance, toutes facilités nous sont accordées pour examiner, sous l'aimable direction de M. l'abbé César Prelini, les monuments d'art qui se trouvent dans les églises. Nous sommes heureux d'en témoigner ici notre reconnaissance à l'éminent prélat

(1) *Storia della scultura.....* vol. IV, p. 389.

Exprimons aussi notre gratitude pour le cordial accueil
que nous avons trouvé auprès de M. le chevalier Brambilla,
l'érudit archéologue dont les importants travaux ont tant
contribué à élucider l'histoire des monuments de Pavie.

Une église commencée sur d'immenses proportions, en
1488, à laquelle est attachée plus ou moins vaguement le
nom de Bramante, et restée inachevée, a remplacé l'ancienne cathédrale, qui, dans l'origine, se composait de deux
églises accolées, Sainte-Marie-du-Peuple et Saint-Étienne (1).
De Saint-Étienne, qui s'appela plus tard Saint-Cyr, l'ancienne façade lombarde subsiste encore en partie, ainsi que
des vestiges de piliers de la même époque, conservés à l'intérieur, dans les murs voisins de la grande porte. Quant à l'ancienne basilique de Sainte-Marie-du-Peuple, elle revit aujour-
d'hui dans la savante étude (1) de M. le chevalier C. Brambilla, que nous nous proposons de faire connaître prochai-
nement aux lecteurs de cette revue.

Dans le bras méridional de l'église moderne, nous trouvons
l'un des plus importants monuments de la sculpture lombarde du xive siècle : le tombeau tout en marbre blanc de
saint Augustin, transporté à cette place, en 1799, de l'église
de *Saint-Pierre-au-ciel-d'or*, où le roi Luitprand avait fait
déposer les restes du saint en 724.

Notre confrère, M. Paul de Fontenilles, nous donnera une
description complète de ce monument dans une étude qu'il
prépare sur plusieurs édicules analogues. En attendant,
disons seulement quelques mots de cette œuvre attribuée à
Bonino da Campione, et qui porte la date de 1362. L'édifice
est isolé, destiné à être vu sur ses quatre faces. Il repose
sur un soubassement adossé à un autel, et le tombeau

---

(1) Cf. *Memorie storiche della fabbrica della cattedrale di Pavia del marchese Malaspina di Sannazaro*. 1816.

(1) *La basilica di santa Maria del Popolo in Pavia ed il suo Musaico. Cenni* di Camillo Brambilla, ispettore degli scavi e monumenti della provincia di Pavia, 1876.

proprement dit se compose de trois étages. Le premier est creusé, sur chaque face, de six niches gothiques abritant les apôtres, figurés en bas-relief et séparés deux à deux par des pilastres, sur lesquels se détachent les statuettes des vertus théologales et cardinales, plus celle de la Religion. Sur les faces latérales d'un côté on voit saint Luc, saint Paul et saint Jean, en bas-relief, et aux extrémités, en statuettes, la Douceur et la Pauvreté; sur l'autre face latérale, saint Étienne, saint Paul, premier ermite, et saint Laurent, entre les statuettes de la Charité et de la Patience.

-L'étage central, sous une sorte de dais porté par des piliers entourés d'anges et de saints, contient l'ensevelissement du grand évêque. On le voit couché sur un lit funèbre et sur un long suaire, que relèvent en plis légers six jeunes gens, vêtus de longues robes serrées à la taille, debout, tout absorbés par les soins de cette pieuse et dernière tâche. A la grâce, au charme de ces figures et de leurs attitudes, on dirait des anges de Fra Angelico empressés autour du saint.

Le troisième étage forme la toiture du dais qui abrite cette scène et se compose d'un couronnement de frontons triangulaires et d'une frise divisée sur chaque face, comme les autres étages, en trois compartiments, séparés aussi par des statuettes de saints et des figures allégoriques. Là, dans une suite de bas-reliefs, l'artiste a représenté avec un remarquable entrain et une étonnante souplesse de ciseau plusieurs miracles dus à l'intercession du saint et différentes scènes de la translation de son corps, de l'île de Sardaigne à Pavie, sous le roi Luitprand.

L'examen du mausolée de saint Augustin invite à continuer l'étude de la sculpture lombarde dans un autre spécimen de ce genre d'édicules, qui nous montre l'art dégagé de ses tâtonnements, arrivé à un haut degré de perfectionnement, puisqu'il nous met en présence d'une œuvre signée d'Omodeo. C'est le tombeau de saint Lanfranc, placé dans l'église du village de ce nom, à trois kilomètres de Pavie.

Cette église fut bâtie en 1090, selon des documents, ou en 1190, selon d'autres, par des moines de Vallombreuse, et vouée d'abord au Saint-Sépulcre (1). Derrière l'autel s'élève le tombeau du saint. « Il consiste en un sarcophage supporté par six colonnettes et orné de bas-reliefs composés de figurines délicatement sculptées, dans lesquelles on retrouve cette netteté de ciseau et cette recherche des effets appartenant à la peinture qui caractérisent les œuvres postérieures de ce maître (2). »

Mais le visiteur qui, sur la foi de Perkins, auquel nous empruntons ces dernières lignes, verrait sans conteste, dans ce monument, le tombeau de l'ancien conseiller de Guillaume le Conquérant et archevêque de Cantorbéry, issu, il est vrai, d'une famille noble de Pavie et mort en 1089, s'exposerait à un singulier mécompte.

Le saint Lanfranc dont il s'agit ici n'est autre, en effet, que l'évêque de Pavie de ce nom. Il mourut en 1185 dans le monastère du Saint-Sépulcre, et fut inhumé dans l'église attenante, qui, depuis, prit le titre de Saint-Lanfranc.

Les sujets traités dans les bas-reliefs de ce tombeau sont tous étrangers à la vie du puissant archevêque de Cantorbéry. Il est facile d'y reconnaître des faits de la vie plus modeste de l'évêque de Pavie, qui portait le même nom. Et, du reste, M. Palustre, en examinant la longue inscription gravée sur une face de l'un des étages de l'édicule, n'a pas eu de peine à s'apercevoir que cette inscription n'avait aucun rapport avec l'archevêque de Cantorbéry, et bien vite il a été mis sur la voie de l'erreur dans laquelle est tombé l'auteur anglais que nous citions plus haut. Ajoutons aussi que cette erreur n'avait point été partagée par M. de Dartein, qui, dans sa notice sur les origines de l'église de Saint-Lanfranc, d'après Ribolini, historien de saint Lanfranc, ne parle nullement de l'archevêque de Cantorbéry.

---

(1) De Dartein, *Études sur l'architecture lombarde*, 2ᵉ partie, p. 285.

(2) *Les Sculpteurs italiens*, par Ch. Perkins, trad. par Haussoulier. 1869. vol. II, p. 143.

Quoi qu'il en soit, il ne faut considérer ce mausolée que par rapport.à l'habile et délicate exécution des bas-reliefs qui le décorent. La disposition générale du monument, porté sur des piliers trop grêles, affecte une forme allongée véritablement exagérée.

Mais revenons à Pavie, d'où le lendemain nous allons passer la journée entière à la Chartreuse.

C'est à l'année 1396 que se rapporte la fondation de ce monastère par Jean Galéas Visconti, seigneur de Pavie. Mais que dire ici, en peu de mots, de ce prodigieux épanouissement de tant de merveilles que le génie de la Renaissance italienne, au xv⁰ siècle, a prodiguées dans la décoration de l'édifice, sous les ciseaux d'une phalange de vaillants artistes où nous retrouvons A. Omodeo, A. Solari, Briosco, Agost. Busti? L'église, avec les ciselures de sa façade, les richesses de son chœur et ses cloîtres, œuvre prodigieuse, où l'art de la terre cuite, dans la décoration des arcades, semble avoir atteint son dernier effort, n'est plus aujourd'hui qu'un vaste musée confié par l'État à la garde de quelques religieux. Nous devons à l'obligeance du Révérend Prieur d'avoir pu, en pleine liberté, tout examiner pendant notre séjour. Amples provisions de notes et de dessins ont été faites, et M. Palustre se réserve de publier une étude spéciale, à un point de vue nouveau, sur les artistes qui ont attaché leur nom à l'embellissement du célèbre monastère.

Le lendemain mardi, nous continuons la visite des édifices de Pavie. La plus intéressante des églises, au point de vue de l'architecture, est celle de Saint-Michel, longuement décrite, analysée et dessinée dans le magnifique ouvrage de M. de Dartein (*Études sur l'architecture lombarde, etc.*). Il faut citer aussi les mémoires antérieurement publiés par M. de S. Quintino (1), et M. le chevalier Brambilla. Ce dernier veut bien nous servir de guide dans la visite du monument. La question d'origine a soulevé de nombreuses

(1) Cf. Vitet, *Études sur l'histoire de l'art*, 2⁰ série.

discussions; mais, aujourd'hui, l'opinion la plus générale et la plus probable tend à faire de l'édifice un monument du xie ou xiie siècle. Son ornementation, figures d'hommes, animaux, monstres, poissons, rinceaux d'un caractère barbare, répandus pêle-mêle sur la façade, lui donne une physionomie étrange, dont on peut se rendre un compte exact par les dessins de M. de Dartein (pl. 50-62).

L'espace nous manque pour mentionner plus longuement les autres églises de Pavie que nous avons visitées : Saint-Pierre-*au-ciel-d'or*, aujourd'hui en partie ruiné, mais protégé par le service des monuments historiques du royaume ; Saint-Cyr, le *Carmine*, tous monuments intéressants à différents points de vue. Toutefois, malgré le temps qui nous presse, nous n'oublierons pas de signaler la rencontre imprévue d'un souvenir français que nous faisons, presque au moment du départ, sous forme d'une tombe plate en marbre blanc, fixée dans le mur d'une des galeries basses de l'Université. Comme on le voit par la gravure que nous reproduisons d'après un croquis de M. Nodet, cette tombe plate représente un personnage en demi-relief, couché, vêtu d'une longue robe aux larges manches. Ses mains sont croisées au-dessous de la poitrine. La tête, coiffée d'un bonnet de docteur, repose sur un coussin carré et se trouve accostée de deux écussons portant un chien braque assis, sans désignation d'émaux ou de couleurs, par suite de l'état fruste du marbre. La bordure contient l'inscription suivante : *Cy gist noble homme, feu messire Antoine Brachet, natif d'Orléans, jadis escolier estudiant en loix à Pavie, lequel trespassa le premier jour d'aoust l'an mil cinq cens et quatre. Priez Dieu pour son âme.*

Au-dessous du pied du personnage, on lit ces vers touchants, sentencieux et concis :

NON HABITA RATIONE SOLI NEC STIRPIS AVITE

IMMISERE NECEM FATA SINISTRA MICHI

NIL HINC INDE PRECES FVSE NIL PVLCRA IVVENTVS

PROFVIT INSTABILIS STAT SVA CVIQVE DIES .

La famille Brachet, originaire de Blois, établie à Orléans
et à Paris, s'est divisée en un grand nombre de branches.
Ses armes, conformes à celles de la tombe de Pavie, portent

un chien braque assis, d'argent ou d'or, sur un fond de gueules
ou d'azur, suivant les branches.

D'après les recherches que nous avons faites dans le Père
Anselme et La Chesnaye des Bois, nous pensons qu'Antoine

Brachet, mort à Pavie en 1504, était fils de Jean Brachet, écuyer, intendant de la maison de Louise de Savoie, duchesse d'Angoulême, mère de François Ier, qualifié aussi, par La Chesnaye des Bois, de précepteur de François Ier. Cette opinion se trouve, de plus, appuyée sur une généalogie de Marie-Madeleine Brachet, établie dans son contrat de mariage, daté d'Orléans, le 20 décembre 1696. Elle était femme de messire Joseph-Charles de Veineur, chevalier, seigneur de Rochambeau (1).

Suivant Moreri, c'est aux Brachet d'Orléans qu'appartiendrait dom Brachet, mort à Paris, à l'abbaye de Saint-Germain-des-Prés, le 6 janvier 1687, général des bénédictins de la congrégation de Saint-Maur, et qui serait descendu, comme Marie-Madeleine Brachet, sa nièce, de Jean Brachet, le père présumé de l'étudiant de Pavie.

Ce Jean Brachet, fils de Robert Brachet, fut anobli au mois de mars 1514, par lettres patentes enregistrées à la Chambre des comptes le 13 octobre 1515. La qualité de *noble homme*, attribuée au fils par un effet en quelque sorte rétroactif de la part de son père ou de tout autre auteur de l'inscription, nous permet de conclure que l'érection de la tombe de Pavie est au moins postérieure de dix ans à la date de la mort, 1504, qu'elle porte. Cela, du reste, est tout à fait conforme aux mots *jadis escolier*, qui prouvent bien que le monument a été élevé un certain temps après la mort du personnage.

Nous tenons de M. l'abbé Prelini que cette tombe plate faisait partie du pavement d'une église, d'où elle fut enlevée, en 1786, en vertu d'une ordonnance générale de l'autorité concernant les monuments funéraires. L'érudit abbé suppose, avec la plus grande vraisemblance, que cette église était celle de *N.-D. del Carmine*. Les étudiants d'*au delà les monts, ultramontains*, qui fréquentaient l'université de Pavie, possédaient, en effet, dans cette église une chapelle contiguë

_____

(1) Cette pièce nous a été communiquée par M. le marquis de Rochambeau.

à celle de la Vierge. Ils l'avaient obtenue des Pères Carmélites et y avaient élevé un autel à leur patron, saint Sébastien, martyr. Cette désignation d'*ultramontains* s'appliquait spécialement aux étudiants français, bourguignons, espagnols et allemands. Ils jouissaient du privilége d'élire un *lecteur spécial* et un *recteur des études*. Parmi ces *lecteurs*, M. l'abbé Prelini a retrouvé dans les archives de l'université, confiées à sa garde, le nom, se rapportant à 1498, de *Tondutus Joannes ad lecturam ultramontanorum juris civilis*; il était de la nation de Bourgogne. Les ultramontains possédaient encore d'autres priviléges, entre autres celui de se choisir parmi leurs compatriotes un professeur d'*art et de médecine*. Il existait aussi, pour les ultramontains pauvres, un collége fondé par Caton Sacco, en vertu de son testament daté de 1458, cinq ans avant sa mort (1).

C'est, pour ainsi dire, en adressant un salut sympathique à la mémoire de ce compatriote, inconnu de nous dans le moment, mort à la fleur de l'âge, loin du sol natal, que nous quittons Pavie.

Le lendemain matin, nous abordons à Isola-Bella, au milieu du lac Majeur. Lac Majeur! Isola-Bella! Iles Borromées! Voilà des noms qui rappellent de splendides paysages, d'incomparables merveilles de la nature, de la vraie et de l'artificielle. Car Isola-Bella, créée au XVIIe siècle par le comte Vitalien Borromée, avec ses jardins élevés sur arcades, sa pyramide de terrasses, son couronnement de statues, ses galeries d'orangers, sa végétation luxuriante,

---

(1) Pour plus amples renseignements sur la chapelle et les priviléges des *Etudiants ultramontains* de l'Université de Pavie, on pourra consulter avec intérêt plusieurs passages, pages 12 et 13, de la notice de M. l'abbé Prelini : *Il tempio di santa Maria del Carmine in Pavia*. Pavie, 1878. Nous y trouvons, en effet, les curieux détails suivants : « Con Istrumento 19 Gennaje « 1520 gli studenti convennero coi Padri di dar ogni *anno* (così il Bossi) a « *fratti lire 50 imperiali, un vitello, una brenta di vino, un sacco di pane* « *obligando i Padri a cantar ogni Domenica* (non impedita) *la messa* « *con organo a detto altare ed una messa quotidiana.* »

est avant tout une œuvre d'architecture, et les archéologues, qui veulent toujours voir les choses à leur point de vue, ont la faculté d'y trouver un diminutif des jardins de Sémiramis. *Isola-Bella*, l'*Ile-Belle*, assurément est bien nommée. Mais tel n'était point son nom à l'origine. Elle s'appelait *Isola-Isabella*, du nom d'une fille du comte Borromée, créateur de l'île. Puis, par une heureuse contraction, elle a fini par ne garder que la seconde moitié du nom de sa marraine, et tout est pour le mieux, pour l'euphonie du langage et pour l'à-propos du mot.

Mais il est autre chose que des sites à admirer dans ce charmant domaine où réside la famille du noble patricien, héritier du grand nom qui, légitime objet des respects populaires, remplit du souvenir d'éclatantes vertus et d'immenses bienfaits la patrie de saint Charles Borromée. La chapelle du *Palazzo* renferme trois merveilles de sculpture, à peu près inconnues des nombreux visiteurs de l'île; encore des tombeaux, encore des œuvres d'Omodeo.

L'un, celui de Giovanni Borromeo, se trouvait d'abord dans l'église de *S. Pietro in Gessate*, à Milan. D'une admirable exécution, il appartient par sa forme au genre de ceux de Colleoni à Bergame, et de saint Pierre à Saint-Eustorge de Milan, mais avec plus d'harmonie dans les dispositions de l'ensemble.

Le corps du tombeau, rectangulaire, repose sur des arcades festonnées que portent six piliers munis sur leurs faces antérieures de statues de guerriers et de figures allégoriques. Les bases de ces piliers aussi ornées de bas-reliefs allégoriques s'appuient sur des lions. Les bases du tombeau sont divisées en trois compartiments, séparés par des pilastres et autant de statuettes de prophètes. Les bas-reliefs de ces compartiments et des côtés latéraux représentent la Nativité, la Circoncision; l'Adoration des Mages, le Massacre des Innocents, l'Annonciation, la Fuite en Égypte, la Présentation au Temple, et Jésus prêchant devant les docteurs. Une frise parsemée de gracieux génies couronne le sar-

cophage, et une autre couverte de fruits et de fleurs circule
à sa base.

L'image du défunt est couchée sur le sarcophage, abritée
sous un dais, en plafond, porté sur quatre colonnettes, et à
ses angles descendent quatre rideaux enroulés, soutenus par
des anges. Comme couronnement du tout, une rotonde ter
minée par une tourelle s'élève au-dessus du dais.

A l'un des piliers du soubassement, une statue de femme
porte un écusson avec le mot *Humilitas*. Est-ce la personni
fication de la vertu de ce nom? Mais l'Humilité a été mise
pour la première fois au nombre des vertus par saint
Charles Borromée, et nous sommes en face d'une sculpture
antérieure à son temps.

C'est le cas de rappeler qu'il existait à Milan, dès le
xvᵉ siècle, une confrérie de l'Humilité avec une église de
ce nom ; elle avait un Borromée pour protecteur. Par là peut
s'expliquer la présence de ce mot qui, du reste, se retrouve
à l'état de devise dans plusieurs endroits de l'île et du palais.

Le second tombeau, qui est celui d'un autre membre de
la famille des Borromées, est attribué, comme le précédent
à Omodeo par Perkins, et son style, quoique avec un cer
tain degré d'infériorité, autorise cette attribution. Il est
décoré de bas-reliefs représentant des batailles. Il repose
sur huit piliers de marbre gris, couverts d'arabesques, et se
termine par une sorte de petit temple sous lequel la Vierge
est assise, entourée de suppliants à genoux.

Vis-à-vis, le troisième sarcophage, attribué au Bambaja,
d'un modèle différent, formé d'une urne oblongue aux flancs
arrondis, est orné des plus gracieux rinceaux, et le sou
bassement qui le porte est aussi couvert de différents sujets
à nombreux personnages.

La gracieuse complaisance de M. le comte et de Mᵐᵉ la com
tesse Borromeo nous a mis à même d'examiner à loisir ces
trois merveilles, avant de visiter les salles, les galeries du
palais et les tant renommés jardins. « Cet endroit est digne
des fées, » disait le président de Brosses à la suite de son

passage dans l'île enchantée. C'est un attrait de plus que de se rappeler sur les lieux les impressions de ce délicat observateur, et quand on arrive en présence des nombreux tableaux de différents maîtres et de différents mérites qui se trouvent dans les galeries, on sourit parfois au souvenir de l'expression aussi neuve qu'enthousiaste du custode, qui assurait à l'illustre visiteur que tous ces tableaux *erano fatti da un pittorissimo* (1).

Plus heureux que l'éminent voyageur, grâce à la bienveillante hospitalité des maîtres du lieu, nous faisons connaissance avec une collection d'objets d'art ancien et de curiosités d'un intérêt des plus attachants. Nous avons surtout remarqué une pièce hors ligne du xiv° siècle, une selle de palefroi, recouverte d'ivoire, ornée au trait de scènes de tournois et de chevalerie, avec force inscriptions et devises. Cette aimable hospitalité fait prolonger notre séjour dans l'île jusqu'à la nuit, et, notre voyage touchant à sa fin, nous sommes heureux de remercier, dans la personne de nos hôtes, tous ceux qui, dans cette riche province, nous avaient témoigné, les jours précédents, tant de bienveillance et de sympathie.

..... Le voyage était terminé; mais le lendemain, sur la route de France, entre Arona et Turin, nous faisons deux courtes haltes, à Novare et à Verceil.

Novare a sa cathédrale précédée de son atrium et de son baptistère. Le baptistère a conservé sa forme primitive, un octogone dont les côtés contiennent des absidioles alternativement carrées et semi-circulaires. L'édifice ne paraît pas antérieur au xii° siècle. La cuve baptismale porte l'inscription antique bien connue :

VMBRENAE
A. F. POLLAE
DOXA. LIB.
T. F. I. (2)

(1) *Lettres familières écrites d'Italie.* Lettres IX.
(2) *Corpus Inscrip. latin.* 6559.

Mais l'atrium, remis à neuf il y a quelques années, a perdu tout caractère. Les nefs de l'église, dont on peut voir les plans, coupes et dessins dans les ouvrages de Fr. Osten (1) et de Hubsch (2) offraient les dispositions de Saint-Michel de Pavie et de Saint-Ambroise de Milan. Mais la restauration, que dis-je? la reconstruction totale qui les a remplacées constitue l'une des plus grandes extravagances architecturales des temps modernes. On s'en dédommage, autant que possible, par l'examen de la mosaïque formant le pavement du chœur, de style archaïque, mais qui ne peut être attribuée qu'au XIe ou au XIIe siècle. Au milieu des nombreuses restaurations dont elle a été l'objet, elle a conservé quelques rares fragments originaux. Le sujet central représente les quatre fleuves du Paradis, et, dans un médaillon voisin, un ange qui fait brûler l'encens est accompagné de ces paroles du psaume : *Dirigatur, Domine, oratio mea sicut incensum in conspectu tuo.*

A Verceil, l'église de Saint-André, ancienne abbatiale, fondée par le cardinal Guala Bicchieri, construite de 1119 à 1122 par l'architecte Briginthe (3), ramené d'Angleterre par ce prélat, qui y séjourna comme légat, attire tout d'abord l'attention. Sa tour centrale accostée de tourelles, les deux tours carrées qui flanquent la façade décorée de deux étages de galeries, les tourelles qui s'élèvent aux angles des frontons des transsepts, donnent à cet édifice une élégante et fière tournure. A l'extérieur, un mélange de roman et de gothique caractérise, comme d'habitude à cette époque, une église italienne. Mais là le gothique dans les crochets fleuris des chapiteaux aux colonnettes des trois portails, dans les gorges profondes et les moulures des bases de ces

(1) *Les monuments de la Lombardie depuis le* VIIe *siècle jusqu'au* XIVe. — Pl. XIV, XV, XVI.

(2) *Monuments de l'architecture chrétienne depuis Constantin jusqu'à Charlemagne...* 1866. — Pl. IV et LIII.

(3) Osten. *Op. cit.* Pl. VII, VIII, IX, X, XI.

colonnettes, porte l'empreinte d'une influence artistique venue du Nord. Trois nefs séparées par des arcs aigus, un chœur à fond droit, deux chapelles à chaque bras du transsept, tournées vers l'est, déterminent le plan de cette harmonieuse construction. Une coupole octogone, élancée, majestueuse, garnie d'une galerie de circulation à sa base, s'élève au centre de la croisée, portée sur trompes et sur grands arcs aigus. Point de personnages dans la décoration des chapiteaux. Les crochets gothiques forment les motifs un peu uniformes de ceux qui portent les arcs des nefs, et ceux qui reçoivent les retombées des voûtes offrent, sur leurs faces arrondies par le bas, de curieux spécimens de feuillages et de rinceaux. Mentionnons aussi les anneaux qui coupent les colonnes de quelques piliers des transsepts, et recommandons aux observateurs, dans l'étude du monument, les signes d'appareil gravés sur les murs, pour les comparer aux analogues que l'on peut rencontrer en France et dans d'autres contrées hors d'Italie.

La sacristie, ancienne salle capitulaire, est remarquable par les élégantes colonnes qui portent ses voûtes , et le cloître attenant reçoit en ce moment l'installation d'un important musée lapidaire. Mais ces édifices, ainsi que la cathédrale avec son grand christ du XIIe siècle, plaqué d'argent, intéressant à rapprocher de celui de Saint-Michel de Pavie, d'autres églises encore et des fresques de Gaudenzio Ferrari (1), auraient exigé un temps beaucoup plus long que celui que nous avons pu leur consacrer.

(1) Ces dernières se trouvent à Saint-Christophe, où nous avons remarqué une dalle de marbre blanc, incrustée dans le pavé du transsept, qui porte l'inscription suivante, relative à un grand seigneur français d'une famille de Lorraine.

Écusson.

D O M
LVDOVICVS DE NETTANCOVRT D HAVSSONVILLE
COMES DE VAVBECOVRT MARCHIO D HORN ET
DE CHOISEVL VIDAME DE CHAALONS. ETC.
LOCVMTENENS GENERALIS EXERCITVVM REG (is)

CHRISTIANISSIMI
NECNON METARVM ET VEREDVNI EPISCOPATVVM
CATALAVNI CVBERNATOR, AC VERCELLARVM
STIRPE MAGNVS, MERITIS APVD REGEM MAIOR
IN SEIPSO MAXIMVS
ASSVETVS IN BELLIS GLORIAM GLADIO SVO DEBERE
NON SORTI
DVM ITERVM DVX SVRGIT IN HOSTEM
PERICVLI CONTEMPTOR IN VIRTVTE SVA MORTVVS EST
ANNO A PARTA SALVTE MDCCV
DIE XVII MAII
ÆTATIS SVÆ XLIX

Gravé en majuscules romaines.

———

IMPR. PAUL BOUSEREZ, 5, R. DE LUCE, TOURS.

Le *Bulletin monumental* paraît toutes les six semaines, par fascicules de 6 à 7 feuilles d'impression, accompagnés de nombreuses gravures dans et hors texte.

Prix : 15 fr. par an pour la France, et 18 fr. pour l'étranger, payables d'avance en un bon sur la poste.

Les demandes d'abonnement et les communications quelconques doivent être adressées à M. Léon Palustre, à Tours (Indre-et-Loire).

On s'abonne également à Paris, chez M. Champion, libraire, 15 quai Malaquais.

www.ingramcontent.com/pod-product-compliance
Lightning Source LLC
Chambersburg PA
CBHW060805280326
41934CB00010B/2563